Knotenspaß

mit Scoubidou

INHALT

28

Kleine und große Glücksbringer

Die Marienkäfer kommen

MATERIAL PRO MARIENKÄFER

* 2 Scoubidoubänder in Rot, 1 m lang
* Scoubidouband mit Drahteinlage in Schwarz, 6 x 2 cm lang (Beine)
* Wackelaugen (evtl. mit Wimpern), ø 7 mm
* 2 Holzperlen in Schwarz, ø 6 mm

1 Ein rotes Band mitteln und in der Mitte das andere anknoten. Anschließend für den großen Käfer 11 cm oder für einen kleinen Käfer 7 cm runde Scoubidou mit 4 Bändern knüpfen.

2 Damit der Bogen entsteht, zwei Schnüre durch die Anfangsöse ziehen und zwei weitere Reihen runde Scoubidou mit 4 Bändern arbeiten. Vor dem Festziehen der letzten Reihe vorsichtig Klebstoff auftragen.

3 Nach dem Trocknen die zwei unteren Bänder direkt am Knoten, die zwei oberen für die Fühler nach 2 cm (beim großen Käfer) oder nach 2,5 cm (bei den kleinen Käfern) abschneiden. Die sechs Beine mit einer Vorstechnadel einstecken, evtl. festkleben und an den Enden leicht umbiegen. Auf jeden Fühler eine Perle kleben und die Augen fixieren.

Mein Tipp für Sie

Zugkraft Vorsicht beim Knoten anziehen! Wenn Sie hier zu fest arbeiten können die Beinchen nicht mehr eingesteckt werden. Also locker lassen!

Fußbänder für den Strand

garantiert wasserfest

MATERIAL

BAND IN LILA

* 2 Scoubidoubänder in Lila transparent, 1 m lang
* Scoubidouband in Gelb transparent, 25 cm lang
* 5 Plastikperlen in Orange transparent, ø 8 mm
* Plastikblüte in Orange, ø 2 cm
* Verschluss in Silber, ø 3 mm

BAND IN NEON

* 2 Scoubidoubänder in Neongrün transparent, 1 m lang
* Scoubidouband in Lila transparent, 30 cm lang
* 5 Plastikperlen in Gelb transparent, ø 8 mm
* Plastikblüte in Gelb, ø 2 cm
* Verschluss in Silber, ø 3 mm

Band in Lila

1 Die drei Bänder parallel legen und an einem Ende mit einem Überhandknoten zusammenbinden.

2 Die gelbe Schnur ist die Leitschnur, die zwei lila Schnüre sind die Knüpfschnüre. drei Weberknoten und sieben Wellenknoten knüpfen. Auf je eine lila Schnur eine gelbe Perle ziehen, sieben Wellenknoten fertigen, auf die gelbe Schnur eine Kugel fädeln, sieben Wellenknoten arbeiten, auf je eine lila Schnur eine Perle ziehen und weitere sieben Wellenknoten arbeiten.

3 So lange weiter Weberknoten knüpfen, bis die gewünschte Länge erreicht ist. Den Anfangsknoten wieder lösen und die drei Schnüre von Anfang und Ende jeweils in ein Verschlussteil kleben; pressen Sie dazu am besten die Schnüre mit der Vorstechnadel oder Scherenspitze fest in den Verschluss. Die Blume auf die mittlere Perle kleben.

Band in Neon

1 Legen Sie die drei Bänder parallel und binden Sie sie an einem Ende mit einem Überhandknoten zusammen.

2 Die lila Schnur ist die Leitschnur, die grünen Bänder sind die Knüpfschnüre. zehn Weberknoten und sechs Wellenknoten knüpfen. Auf jede grüne Schnur eine Perle fädeln.

3 Sieben Reihen runde Scoubidou mit 4, dann einen Weberknoten arbeiten. Eine grüne Schnur durch eine Perle ziehen. Nochmals einen Weberknoten und sieben runde Scoubidou mit 4 fertigen und auf die grünen Schnüre je eine Perle fädeln.

4 Knüpfen Sie sechs Wellenknoten und anschließend so viele Weberknoten, bis die gewünschte Länge erreicht ist. Den Verschluss wie beim lila Band anbringen und die Blüte aufkleben.

Bunte Schnecken

ganz ohne Schleimspur

MATERIAL

GROSSE SCHNECKE IN GRÜN-GELB

* Scoubidouband in Grün, 1 m lang
* 3 Scoubidoubänder in Gelb, 80 cm lang
* Silberdraht, ø 0,7 mm, 10 cm (Schneckenhaus) und 2 x 4 cm lang (Fühler)
* 2 Wackelaugen, ø 3 mm
* 2 Holzperlen in Grün, ø 6 mm

KLEINE SCHNECKE IN ORANGE-GELB

* Scoubidouband in Orange, 1 m lang
* 4 Scoubidoubänder in Gelb, 30 cm lang
* Silberdraht, ø 0,7 mm, 10 cm (Schneckenhaus) und 2 x 3,5 cm lang (Fühler)
* 2 Wackelaugen, ø 3 mm

Große Schnecke in Grün-Gelb

1 Schneckenhaus: zwei gelbe Schnüre in der Mitte knicken und ca. 2 cm von der Knickstelle entfernt die grüne Schnur mit einem Weberknoten anknüpfen. Knüpfen Sie weitere 13 bis 15 grüne Weberknoten. Damit sich das Schneckenhaus einrollen lässt, sollte nach dem ersten Weberknoten der Schneckenhausdraht zu den gelben Leitfäden gelegt und mit eingeknüpft werden. Den letzten Weberknoten mit etwas Klebstoff fixieren. Zusätzlich jedes grüne Band am letzten Weberknoten abknoten.

2 Rumpf: Aus den vier gelben Schnüren einen Knoten eckige Scoubidou mit 4 knüpfen. Bevor dieser Knoten angezogen wird, sollten Sie die restliche gelbe Schnur quer einlegen. Nun mit sechs Bändern ca. 15 rechteckige Scoubidou mit 6 arbeiten. Bevor der letzte Knoten angezogen wird, etwas Klebstoff auftragen. Die unteren und seitlichen Schnüre abschneiden. Die zwei oberen Schnüre als Fühler auf 4 cm kürzen, die beiden Drahtstücke einstecken und die Enden mit der Rundzange umbiegen. Die Wackelaugen und die Holzperlen aufkleben.

Kleine Schnecke in Orange-Gelb

1 Schneckenhaus und -körper: Die vier gelben Schnüre als Leitschnüre parallel nebeneinander legen und an einer Seite, ca. 2 cm von den Enden entfernt, die orangefarbene Schnur mit einem Weberknoten anknüpfen. Weitere zehn bis zwölf Weberknoten knüpfen, bis die orangefarbenen Schnüre noch ca. 20 cm lang sind. Wichtig: Damit sich das Schneckenhaus zu einer Spirale aufrollen lässt, sollten Sie nach dem ersten Weberknoten den Schneckenhausdraht zu den gelben Leitschnüren legen und mit einknüpfen. Dann den Draht abschneiden.

2 Kopf: Die orangefarbenen Schnüre sind die Leitfäden für fünf rechteckige Scoubidou mit 6. Bevor der letzte Scoubidou angezogen wird, etwas Klebstoff auftragen. Die orangefarbenen Schnüre und die zwei unteren Schnüre abschneiden. Die zwei oberen Schnüre als Fühler auf 3,5 cm kürzen, die Drähte einstecken und die Enden mit der Rundzange umbiegen.

Weiter geht's auf Seite 10

KLEINE SCHNECKE IN GELB-VIOLETT

* 2 Scoubidoubänder in Violett, 50 cm lang
* Scoubidouband in Gelb, 70 cm lang
* Scoubidouband in Gelb, 10 cm lang (Schneckenhaus)
* Silberdraht, ø 0,7 mm, 10 cm lang (Schneckenhaus)
* 2 Wackelaugen, ø 3 mm

Kleine Schnecke in Gelb-Violett

Die zwei violetten Schnüre in der Mitte mit der langen gelben Schnur mit einem Knoten zusammenbinden. Die zwei gelben Schnüre sind die Leitschnüre für 13 oder 14 rechteckige Scoubidou mit 6. Tragen Sie etwas Klebstoff auf, bevor der letzte Knoten angezogen wird. Die unteren und seitlichen Schnüre abschneiden. Die zwei oberen Schnüre als Fühler auf 5 cm kürzen. In den gelben Schnurrest den gleich langen Draht stecken. Die Schnur in den Schneckenrücken stecken und mit etwas Klebstoff fixieren. Formen Sie das Schneckenhaus, dabei zuerst das Schnurende mit der Rundzange einrollen. Die Wackelaugen aufkleben.

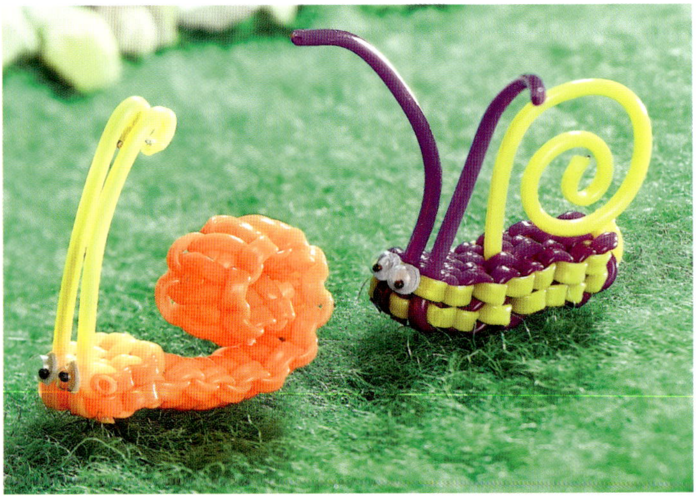

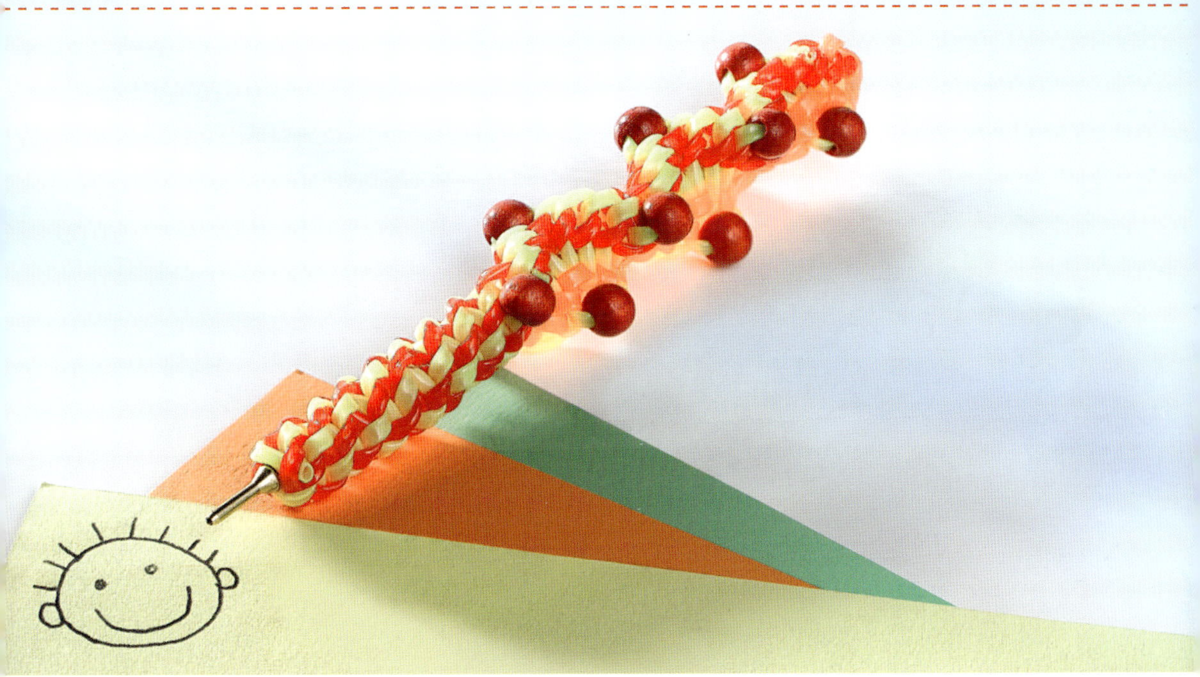

Farbenfroher Schreibspaß

Ein echter Hingucker

MATERIAL

- je 2 Scoubidoubänder in Rot und Gelb, 1 m lang
- 2 Scoubidoubänder in Orange, 50 cm lang
- Kugelschreibermine, 10,5 cm lang
- 12 Holzperlen in Rot, ø 6 mm

1 Fassen Sie die sechs Schnüre mit einem Überhandknoten zusammen. Die Kugelschreibermine durch den Knoten stecken und eine Reihe spiralförmige Scoubidou mit 6 knüpfen. Die Leitschnüre sind gelb. Den Knoten mit Klebstoff einstreichen und drei weitere Reihen knüpfen.

2 Schieben Sie die Mine zurück, so dass ihr Ende im Geflecht verschwindet, und ziehen Sie auf die gelben Leitschnüre je eine Perle. Die Leitschnur in die entgegengesetzte Richtung legen und weitere vier Reihen spiralförmige Scoubidou mit 6 knüpfen. Auf jede Leitschnur eine Perle fädeln und das Muster in die andere Richtung weiterarbeiten. So weiterknüpfen bis die letzten Perlen aufgefädelt sind.

3 Die orangefarbenen Schnüre in die Mitte parallel zur Mine legen und darüber bis zur Spitze runde Scoubidou mit 4 knüpfen. Auf die vorletzte Knotenreihe Klebstoff streichen und nach dem Trocknen die Enden abschneiden.

4 Den Überhandknoten vom Anfang lösen, eine Reihe runde Scoubidou mit 4 aus zwei roten und zwei orangefarbenen Schnüren fertigen, Klebstoff auftragen und eine weitere Runde knüpfen. Zuletzt schneiden Sie alle sechs Schnurenden ab.

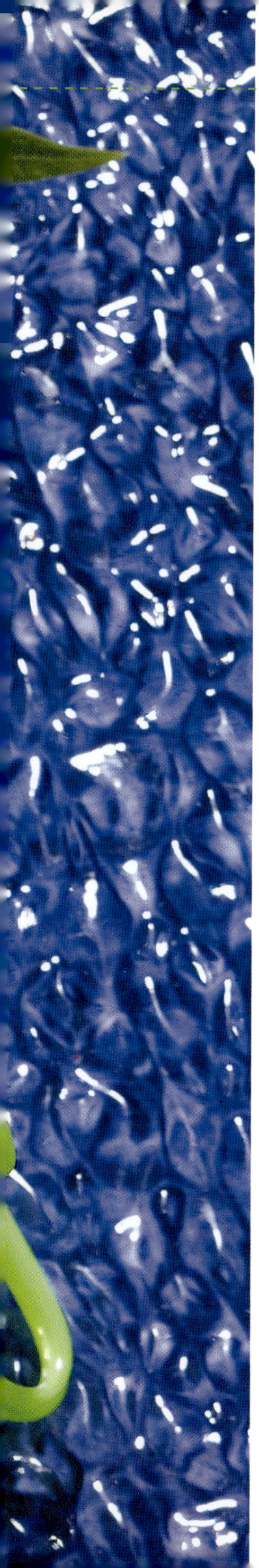

Grasgrüne Hüpfer

auf Wanderung

MATERIAL
PRO FROSCH

* 5 Scoubidoubänder in Hellgrün oder Grün, 50 cm lang
* Silberdraht, ø 0,7 mm, 2 x 9 cm (Hinterbeine) und 7 cm lang (Vorderbeine)
* 2 Wackelaugen, ø 7 mm

1 Rumpf: Vier Schnüre sternförmig ineinander einhängen (siehe Abbildung). Die übrige Schnur mittig einlegen. Die zwei Enden der zuletzt eingelegten Schnur sind die Leitschnüre für zehn rechteckige Scoubidou mit 10. Tragen Sie vor dem letzten Knoten Klebstoff auf. Die Leitschnüre auf 8 cm kürzen und die beiden Hinterbeindrähte einstecken, dabei sollten die Drähte noch etwas in das Geflecht hineinragen. Nun den letzten Knoten anziehen. Die Schnurenden abschneiden.

2 Beine: Bevor die Hinterbeine (evtl. mit einer kleinen Rundzange) zurechtgebogen werden, die Vorderbeinschnur mit Drahteinlage seitlich nach dem 4. Knoten halb durchstecken. Dabei mit der Prickelnadel den Weg weiten. Nun die Beine zurechtbiegen und die Wackelaugen aufkleben.

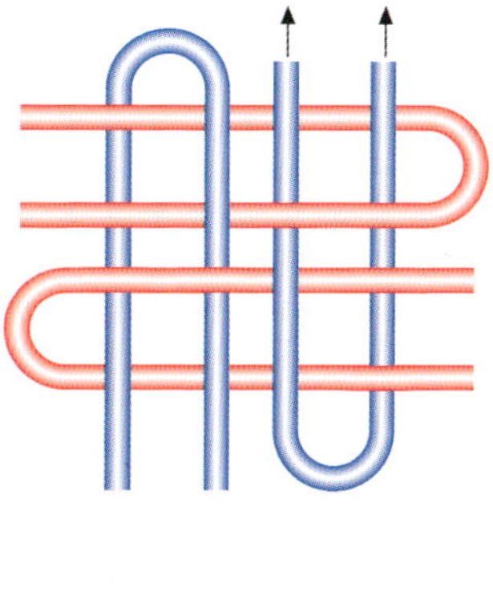

Elegante Kette

für zarte Blumenkinder

MATERIAL

* Schmuckdraht in Silber, ø 0,9 mm, 2 x 2 m lang
* Schmuckdraht in Hellgrün, ø 0,9 mm, 2 x 2 m lang
* 10 Blumenperlen in Hellgrün, ø 1 cm
* 10 Blumenperlen in Transparent, ø 1 cm
* Kettenverschluss

1 Knoten Sie die vier Drähte auf der Höhe von 5 cm zusammen.

2 4,5 cm runde Scoubidou mit 4 Bändern knüpfen.

3 Auf die silberfarbenen Drähte je eine transparente Schmuckperle auffädeln. Weitere 2 cm in runde Scoubidou mit 4 knüpfen, dann auf die grünen Drähte je eine hellgrüne Schmuckperle fädeln. So fortfahren, bis alle Perlen aufgefädelt sind.

4 Arbeiten Sie nochmals 4,5 cm runde Scoubidou mit 4 Bändern.

5 Zwei Drähte diagonal miteinander verknoten und abschneiden. Auf einen der übrigen Drähte eine Öse des Kettenverschlusses fädeln und mit dem übrigen Draht verknoten.

6 Den Anfangsknoten lösen und das andere Teil des Kettenverschlusses ebenso anbringen.

Lustiges Federvieh

aus dem Ei geschlüpft

MOTIVHÖHE
ca. 6 cm

MATERIAL

HAHN

* 7 Scoubidoubänder in Braun, 80 cm lang
* 6 Scoubidoubänder in Orange, 20 cm lang
* Scoubidoubänder in Rot, Grün, Weiß, Blau und Gelb, 15 cm lang
* Scoubidouband in Rot, 10 cm lang
* Rohholzperle, ø 3 cm
* Rohholzperle, ø 2 cm
* 2 Wackelaugen, ø 6 mm
* Silberdraht, ø 0,6 mm

KÜKEN

* 3 Scoubidoubänder in Gelb, 80 cm lang
* 2 Scoubidoubänder in Gelb, 6 cm lang
* 6 Scoubidoubänder in Orange, 12 cm lang
* Rohholzperle, ø 2 cm
* Rohholzperle, ø 1,5 cm
* 2 Wackelaugen, ø 3 mm
* Silberdraht, ø 0,6 mm

Hahn

1 Für den Hahn um die 2 cm große Holzperle mithilfe einer Stopfnadel fünf braune Kettfäden spannen. Die Hälfte der Perle mit braunem Band umweben, wie unter Weben mit Scoubidoubändern beschrieben. Dann das Band mithilfe einer Stopfnadel vernähen und anschließend die andere Hälfte die Holzperle beweben.

2 Umweben Sie die 3 cm große Holzperle mit sieben Kettfäden genauso und kleben Sie sie mit Sekundenkleber auf die kleine Holzperle.

3 Gemäß der Abbildung mithilfe einer Stopfnadel in die kleine Holzperle zwei 20 cm lange, orangefarbene Scoubidoubänder ziehen und drei runde Scoubidou mit 4 für den Schnabel knüpfen. Anschließend die Schnüre diagonal verknoten und abschneiden.

4 Für die Füße durch die große Perle je zweimal zwei 20 cm lange, orangefarbene Bänder ziehen und 1,5 cm runde Scoubidou mit 4 knüpfen. Nun das nach hinten zeigende Band abschneiden und die anderen drei Bänder auf 1 cm kürzen.

5 In die 15 cm langen Bänder Draht einziehen und diese mittig als Schwanz auf der Rückseite der 3 cm großen Holzperle durchziehen und formen.

6 Für den Hahnenkamm das rote, 10 cm lange Band mit Draht versehen und wellenförmig am Kopf durchziehen. Kleben Sie zum Schluss die Wackelaugen auf.

Küken

1 Für das Küken beide Holzperlen mit fünf Kettfäden bespannen und umweben. Kleben Sie dann mit Alleskleber die kleine auf die große Perle.

2 Für den Schnabel zwei orangefarbene, 12 cm lange Scoubidoubänder mithilfe einer Stopfnadel durch die 1,5 cm große Perle ziehen und zwei runde Scoubidou mit 4 knüpfen. Anschließend die Bänder verknoten und abschneiden.

3 Jetzt zweimal zwei orangefarbene, 12 cm lange Bänder für die Füße an der 2 cm großen Perle durchziehen und erneut zwei runde Scoubidou mit 4 knüpfen. Schneiden Sie danach die Bänder ab.

4 In die gelben Bänder Draht ziehen und ihre Enden an den Seiten der großen Perle als Flügel einziehen. Zum Schluss die Wackelaugen aufkleben.

Weiter geht's auf Seite 18

HUHN

* 7 Scoubidoubänder in Weiß, 80 cm lang
* 6 Scoubidoubänder in Orange, 20 cm lang
* 4 Scoubidoubänder in Weiß, 12 cm lang
* Scoubidouband in Rot, 10 cm lang
* Rohholzperle, ø 2 cm
* Rohholzperle, ø 3 cm
* 2 Wackelaugen, ø 6 mm
* Silberdraht, ø 0,6 mm

Huhn

1 Für das Huhn um die 2 cm große Holzperle fünf Kettfäden spannen, um die 3 cm große Holzperle sieben Kettfäden mit weißen Bändern spannen. Beide Kugeln umweben und dann wie in Schritt 7 bis 9 beschrieben fortfahren, jedoch die drei Bänder am Ende auf 1,5 cm kürzen.

2 Für den Schnabel zwei 20 cm lange, orangefarbene Bänder mithilfe einer Stopfnadel in die Mitte der kleineren Perle ziehen und drei Knoten runde Scoubidou mit 4 knüpfen. Verknoten Sie die Bänder und schneiden Sie sie ab.

3 Am unteren Teil der 3 cm großen Perle für die Beine zweimal zwei orangefarbene Bänder durchziehen und 1,5 cm runde Scoubidou mit 4 knüpfen. Das nach hinten zeigende Band abschneiden und die anderen drei Bänder auf 1,5 cm kürzen.

4 In die 12 cm langen, weißen Bänder Draht ziehen und diese am Hinterteil der großen Perle als Schwanz mittig mithilfe einer Stopfnadel einziehen. Stellen Sie das Huhn schließlich, wie unter Schritt 6 erläutert, fertig.

Bunter Osterschmuck

schön an blühenden Zweigen

MATERIAL
PRO KRANZ

* je 6 Scoubidoubänder in Grün, Rosa oder Hellblau, 20 cm lang
* je 2 Scoubidoubänder in Grün, Rosa oder Hellblau, 80 cm lang
* Scoubidoubandrest in Grün, Rosa oder Hellblau, 7 cm lang
* halbes Holzei, 1,5 cm x 1 cm
* Nylonfaden, ø 0,25 mm

1 Um die sechs Scoubidoubänder, die Leitfäden sind, bei 5 cm die zwei 80 cm langen Scoubidoubänder so knoten, dass ein Band nach rechts und ein Band nach links zeigt.

2 Nun 10 cm mit Wellenknoten knüpfen. Die Anfangsknoten öffnen, das Scoubidou zu einem Kreis formen und mit einem 7 cm langen Band zusammenbinden. Kürzen Sie alle Bandenden auf 3 cm. Nylonfaden in die Mitte des Kranzes knoten, darauf ein Ei kleben. Den Osterschmuck am Nylonfaden aufhängen.

Für das Osterfrühstück

Eierbecher und Löffel

MATERIAL EIERBECHER

* Styroporei, 6 cm x 4,5 cm
* 8 Scoubidoubänder in Lila, 40 cm lang
* 3 Scoubidoubänder in Lila, 80 cm lang
* Scoubidouband in Lila, 20 cm lang
* 4 Scoubidoubänder in Rosa, 20 cm lang
* Scoubidouband in Rosa, 10 cm lang
* Scoubidouband in Rosa, 80 cm lang

EIERLÖFFEL

* Plastik-Eierlöffel in Blau oder Grün
* 1 Scoubidouband in Lila und Blau transparent oder in Hell- und Dunkelgrün transparent, 1 m lang

Eierbecher

1 Vier der 40 cm langen, lilafarbenen Bänder mitteln und in der Mitte die restlichen mit einem Überhandknoten befestigen, sodass 16 Enden entstehen. In die Mitte des entstandenen Knotens ein zusätzliches 20 cm langes Band stecken und es unten 3 cm herausschauen lassen.

2 Legen Sie die 17 Bänder um das dicke Ende des Styroporeies. Den Knoten mit einer Stecknadel fixieren und alle Bänder gemeinsam am oberen, dünnen Teil des Eies mit einem Scoubidouband zusammenbinden. Dann die Bänder gleichmäßig um das Ei legen.

3 Mithilfe einer Stopfnadel, an der das 80 cm lange, lila Scoubidouband aufgefädelt ist, mit dem Weben beginnen, bis die Hälfte des Eies verkleidet ist. Die zusammengebundenen 17 Bänder lösen und alle auf der rechten Seite vernähen. Jetzt die gewebte Arbeit wenden, so sind die vernähten Bänder nicht sichtbar.

4 Zweimal zwei rosafarbene, 20 cm lange Bänder über Kreuz am unteren Becher mithilfe einer Stopfnadel mittig einziehen, so erhält man acht Enden. Nochmals ein 10 cm langes, rosafarbenes Band bis auf 1 cm einziehen.

5 Weben Sie sieben Runden mit dem 80 cm langen Band und vernähen Sie dann die Bänder wie oben beschrieben.

Eierlöffel

1 Zuerst ein blaues und ein lila Band an den Stielanfang des Löffels binden. Das blaue Band nach rechts, das lila Band nach links legen.

2 Umknüpfen Sie den gesamten Löffelstiel mit Wellenknoten.

3 Anschließend den Anfangsknoten öffnen, nochmals an den Bändern ziehen und die Bänder vernähen indem sie mithilfe einer Stopfnadel zwei Reihen zurückgefädelt werden. Danach abschneiden.

Serviettenringe mit Flossen

tolle Tischdeko

MATERIAL

RING IN BLAU-WEISS

* Scoubidouband mit Glitter in Blau, 1 m lang
* Scoubidouband in Weiß, 1 m lang
* Holzblume in Blau-Weiß, ø 1 cm

RING IN GRÜN-ROT

* je 1 Scoubidouband in Grün und Rot, 1 m lang
* 6 Rocailles in Gold, ø 2,6 mm
* Olivenperle in Gold, 5 mm lang
* Glöckchen in Gold, ø 1 cm
* Nylonfaden, 20 cm lang

Ring in Blau-Weiss

1 Wie unter quadratische Scoubidou mit 4 Bändern beschrieben beginnen und ein 1cm langes Stück knüpfen.

2 Für die Lücke den nächsten Knoten knüpfen und vor dem Festziehen einen Bleistift dazwischenlegen. Anschließend den Knoten über dem Bleistift festziehen. Drei weitere Knoten knüpfen und den Bleistift entfernen.

3 Weitere 10 cm quadratischer Scoubidou mit 4 knüpfen, die Bänder verknoten und abschneiden.

4 Um den Ring zu schließen, stecken Sie durch die Lücke das andere Ende des Scoubidous. Zum Schluß kleben Sie noch die Holzblüte auf und fertig ist Ihr Serviettenring.

Ring in Grün-Rot

1 Die ersten zwei Schritte wie beim Serviettenring in Blau-Weiß fertigen.

2 Dann 6 cm runde Scoubidou mit 4 fertigen und anschließend wieder 4 cm quadratische Scoubidou mit 4 knüpfen. Anschließend die Bänder verknoten und abschneiden.

3 Um den Ring zu schließen, stecken Sie wieder durch die Lücke das andere Ende des Scoubidous.

4 Zuletzt ziehen Sie den Nylonfaden mithilfe einer Nadel durch ein Scoubidouband und fädeln die Perlen auf beide Fäden gemeinsam auf. Nun mehrere Knoten machen und das Glöckchen anknoten.

Bunte Unterwasserwelt

Seepferdchen und Meerjungfrau

MATERIAL

MEERJUNGFRAU

* 4 transparente Scoubidoubänder in Lila mit Glitter, 1 m lang
* 4 transparente Scoubidoubänder in Rosa mit Glitter, 1 m lang
* je 1 Schmuckperle in Rosa, Flieder und Pink mit Glitter, ø 1 cm
* Rohholzperle, ø 2 cm
* Holzperle in Rot, ø 4 mm
* 2 Wackelaugen, oval, 8 mm hoch
* Silberdraht, ø 1 mm

SEEPFERDCHEN

* 8 Scoubidoubänder in Orange, 1 m lang
* 2 Wackelaugen, ø 5 mm
* Silberdraht, ø 1 mm

Meerjungfrau

1 Die lila und rosa Bänder auf einer Länge von 15 cm mit Hilfe eines Überhandknotens befestigen. Je zwei rosa Bänder zeigen nach links und rechts, je zwei lila Bänder nach oben und unten. Arbeiten Sie mit doppelt genommenen Bändern.

2 Ein rundes Scoubidou mit 8 Bändern knüpfen und in die Mitte des Knotens ein 8 cm langes Stück Draht stecken, um dieses wird bis zum Schluss herum geknüpft.

3 2 cm knüpfen, dann zwei lila Bänder miteinander verknoten und abschneiden. Die nächsten 2cm rechteckige Scoubidou mit 6 Bändern knüpfen. Zwei rosa Bänder verknoten und abschneiden.

4 Nun knüpfen Sie 3 cm runde Scoubidou mit 4 Bändern.

5 In die Bänder 3 cm Draht einziehen und auf 2 cm kürzen. Dann mit einem Stück Band zusammenbinden.

6 Den Anfangsknoten wieder lösen. Je zwei rosa und zwei lila Bänder leicht miteinander verknoten, zwischen sie mittig zwei 9 cm lange, lila, mit Draht versehene Bänder als Arme legen. Die Knoten festziehen und die Bänder abschneiden.

7 In die übrigen beiden rosa und lila Bänder 15 cm Draht ziehen, die Holzperle aufziehen und festkleben. Die Bänder auf eine Länge von 7 cm kürzen, dann eine Schmuckperle aufziehen.

8 Kleben Sie nun die Wackelaugen und die rote Perle auf die Holzperle und befestigen Sie die Schmuckperlen an den Armen. Abschließend biegen Sie Ihre Meerjungfrau noch in Form.

Seepferdchen

1 Alle Bänder wie bei der Meerjungfrau verknoten. Mit doppelt genommenen Bändern den ersten Knoten runde Scoubidou mit 4 knüpfen.

2 Stecken Sie in die Mitte des Knotens einen 13 cm langen Draht, er steht oben 2 cm über den Knoten heraus. Knüpfen Sie jetzt weitere 3,5 cm runde Scoubidou um den Draht herum.

3 Zwei Bänder diagonal miteinander verknoten und abschneiden. Mit den sechs übrigen Bändern 1,5 cm lang rechteckige Scoubidou knüpfen.

4 Wieder zwei Bänder diagonal miteinander verknoten und abschneiden. Die nächsten 5 cm mit den übrigen vier Bändern runde Scoubidou knüpfen.

5 Drei Bänder diagonal miteinander verknoten und abschneiden. In das vierte Band 5 cm Draht ziehen und es dann auf 3 cm kürzen.

6 Den Anfangsknoten wieder lösen, zweimal zwei diagonal gegenüberliegende Bänder miteinander verknoten und abschneiden. Nun knüpfen Sie mit vier Bändern 2 cm lang runde Scoubidou und schneiden anschließend alle Enden ab. Zum Schluß biegen Sie das Seepferdchen in Form und kleben die Wackelaugen auf.

Märchen-Nixe

unbekannte Meereswelt

MATERIAL

* je 4 Scoubidoubänder in Gelb, Grün, Flieder und Rosa (alle neonfarben), 1 m lang
* 5 Scoubidoubänder in Blau (neonfarben), 1 m lang
* Aludraht in Gold und Hellblau, ø 2 mm, je 16 cm lang
* Aludraht in Rosa, ø 2 mm, 34 cm lang
* Buntstifte in Rot, Braun, Schwarz und Hellblau
* Rohholzkugel, ø 2,5 cm

1 Je ein 16 cm langes Stück Aludraht in Gold und Hellblau und ein 13 cm langes Stück in Rosa zuschneiden. Vier Bänder pro Farbe auf einer Höhe von 20 cm mit einen lockeren Knoten um die drei Drähte knüpfen und sieben runde Scoubidou mit 5 x 4 Bändern knüpfen. Die langen Drahtstücke stehen 6 cm und das kurze Drahtstück 4 cm über.

2 Pro Farbe ein Band abschneiden und drei runde Scoubidou mit 5 x 3 Bändern knüpfen. Schneiden Sie anschließend erneut je Farbe ein Band und den Draht in Blau ab und knüpfen Sie drei weitere runde Scoubidou nun mit 5 x 2 Bändern. Danach pro Farbe ein weiteres Band und den Draht in Gold abschneiden und drei runde Scoubidou mit 5 knüpfen. Das Band in Flieder abschneiden und einen eckigen Scoubidou mit 4 Bändern knüpfen.

3 Für die Flosse legen Sie einen 18 cm langen Aludraht in Rosa ein und knüpfen einen eckigen Scoubidou mit 4 Bändern. Den Aludraht in Form biegen, durch den nächsten Knoten schieben und einen weiteren eckigen Scoubidou mit 4 knüpfen.

4 Dann zwei runde Scoubidou mit vier Bändern knüpfen, den Einlegedraht in Rosa abzwicken und abschließend einen runden Scoubidou mit vier Bändern knüpfen.

5 Nun lösen Sie auf der anderen Seite den Knoten und biegen die drei Aludrähte auseinander. Für die Arme mit vier Bändern in Lila zwanzig runde Scoubidou mit 4 um den Aludraht knüpfen. Auf der anderen Seite den Vorgang mit Blau wiederholen. Die Drähte zum Schluss auf je 3 cm kürzen und zu je einer Öse biegen.

6 Mit den restlichen zwölf Bändern zwei runde Scoubidou mit 3 x 4 Bändern knüpfen. Den rosafarbenen Draht auf 1,5 cm kürzen. Einen blauen Bandrest um den rosafarbenen Draht binden und durch die Öffnung der frei Hand bemalten Holzkugel schieben. In die Bänder 12 x 7 cm lange Bänder in Blau als Haare einknoten und die Enden schräg abschneiden. Flechten Sie mit den restlichen zwölf Bändern eine 13 cm lange Schleppe und binden Sie sie mit einem Wickelknoten und einer kleinen Schleife in Flieder ab. Jetzt die restlichen Bänder abschneiden und fertig ist die Märchen-Nixe!

Schillernde Fische

im Streifenlook

MATERIAL
FISCH IN LILA TRANSPARENT

* 2 Scoubidoubänder in Transparent, 50 cm lang
* je 1 Scoubidouband in Hellviolett und Dunkelviolett, 50 cm lang
* 2 Wackelaugen, ø 6 mm
* Silberdraht, ø 0,4 mm, 4 x 10 cm lang

1 Begonnen wird am Kopf: Die Schnüre mitteln und mit einer transparentfarbenen Schnur die restlichen drei Schnüre zusammenknoten. Knüpfen Sie mit dieser transparentfarbenen Schnur als Leitschnur sechs bis acht Reihen rechteckige Scoubidou mit 8 Bändern.

2 Eine Reihe mit sechs Bändern knüpfen, d. h. die zwei hellvioletten Schnüre nicht mitknüpfen. Zwei Reihen eckige Scoubidou mit 4 knüpfen, dabei eine dunkelviolette und eine transparente Schnur nicht mitknüpfen.

3 Zwei transparente Schnüre der letzten Reihe auf 10 cm kürzen und jeweils ein Drahtstück einziehen. Aus diesen zwei Schnüren die Schwanzflosse formen. Mit den zwei anderen Bändern zwei Überhandknoten über die Enden der Schwanzschnüre knüpfen. Überstehende Schnurenden abschneiden.

4 Die Brust- und Rückenflosse werden aus je einer 7 cm langen lilafarbenen bzw. transparenten Schnur, in die Drahtstücke gezogen werden, ge-formt und mit den überstehenden Drahtstücken am Fisch angeknotet. Zum Schluss kleben Sie noch beidseitig die Wackelaugen an.

Unser Tipp für Sie

Farbvarianten Der Fisch sieht auch in anderen Farben toll aus. Bei dem matten Fisch in Orange-Gelb unten werden die gelben Bänder links und die orangefarbenen Bänder rechts angeordnet, so dass mit je 1 Leitschnur in Gelb und in Orange geknüpft wird.

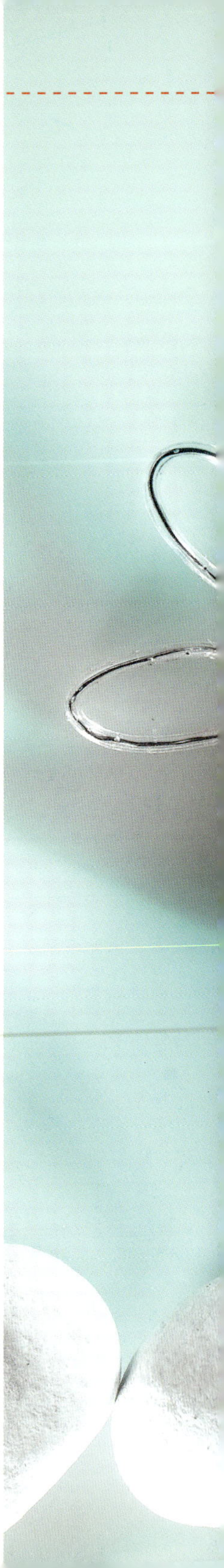

Gesellige Wasserbewohner

von wegen glitschig

MATERIAL

KRAKE

* 8 Scoubidoubänder mit Glitter in Rosa, 60 cm lang
* 2 Wackelaugen, ø 5 mm
* 8 Holzperlen in Rosa, ø 8 mm
* Draht, ø 0,6 mm, 8 x 6,5 cm lang

FROSCH

* 4 Scoubidoubänder mit Glitter in Grün, 70 cm lang
* Scoubidouband in Türkis, 7 cm und 4 cm lang
* Holzperle in Grün, ø 1,2 cm
* 4 Holzperlen in Grün, ø 8 mm
* 2 Holzperlen in Grün, ø 6 mm
* Rocaille in Schwarz oder Rot
* Draht, ø 0,6 mm
* 2 Wackelaugen, ø 5 mm
* ggf. Haarreif
* ggf. 3 bis 4 Scoubidoubänder in Rot, 1,20 m lang

Frosch

1 Nehmen Sie die grünen Stränge doppelt und schlingen Sie sie so ineinander, dass je zwei Enden in jede Himmelsrichtung zeigen.

2 Zwei Knoten quadratische Scoubidou mit 8 Bändern knüpfen.

3 In die kurzen Stücke des türkisfarbenen Bandes Draht in der entsprechenden Länge einziehen.

4 Den nächsten Knoten knüpfen und vor dem Festziehen das türkisfarbene, 7 cm lange Band dazwischenlegen. Weitere vier quadratische Scoubidou arbeiten und vor dem nächsten Knoten das 4 cm lange Band mit Draht dazwischenlegen. Anschließend folgen noch drei Knoten quadratische Scoubidou mit 8.

5 Vier Bänder diagonal miteinander verknoten, darüber noch zwei weitere verknoten. Die verknoteten Stränge schließlich abschneiden.

6 Geben Sie in die große Holzperle einen Tropfen Klebstoff und ziehen Sie sie auf die beiden verbliebenen Bänder. Anschließend werden die Enden gekürzt.

7 Zum Schluss die restlichen Perlen entsprechend der Abbildung ankleben und schon kann das muntere Treiben am Wasser beginnen.

Krake

1 Der Krake wird mit runden Scoubidou aus 16 Bändern gearbeitet. Dafür nehmen Sie die rosa Stränge doppelt und schlingen Sie so ineinander, dass in jede Himmelsrichtung vier Bänder zeigen.

2 Nun vier Knoten runde Scoubidou mit 16 knüpfen.

3 Danach zweimal vier Bänder diagonal verknoten und abschneiden. Es bleiben acht Bänder übrig, die auf eine Länge von 6,5 cm gekürzt werden. In jedes Band ein Drahtstück einziehen.

4 Nun ziehen Sie auf die Enden der Bänder je eine Holzperle auf und kleben sie fest. Schließlich die Wackelaugen mit einer Pinzette aufnehmen, mit Klebstoff bestreichen und am Kopf platzieren.

Zischelnde Kulischlangen

nützlich und farbenfroh

MATERIAL PRO SCHLANGE

* je 3 Scoubidoubänder in verschiedenen Orange-, Grün- oder Blautönen (mit und ohne Glimmer), 1 m lang
* 2 Wackelaugen, ø 7 mm
* Kugelschreibermine, 10,5 cm lang
* evtl. Scoubidouband in Rosa, 6 cm lang (Zunge)
* evtl. Silber- oder Messingdraht, ø 0,5 mm (für die Zunge)
* Draht, ø 1 mm, 8 cm lang
* Klebefilm

1 Zwei Bänder mitteln und mit der dritten, ebenfalls gemittelten Schnur zusammenbinden. Eine Schnur (blau, orange oder grün opak) dient als Leitschnur. Knüpfen Sie als Kopf sieben Reihen rechteckige Scoubidou mit 6. Den dicken Draht dabei in die Mitte nehmen.

2 Die Mine mit einem Stück Klebefilm an den Draht kleben, in die Mitte nehmen und mit den Bändern, die zuvor als Leitschnüre dienten, um die vier anderen Bänder zwei Weberknoten arbeiten. Den Kopf im Winkel von 90 Grad umbiegen.

3 Für den Körper runde Scoubidou mit 4 knüpfen. Dazu die zwei mittleren kurzen Bänder (hellblau, orange oder hellgrün opak) mit der Mine und dem Draht in der Mitte weiterführen und nach ca. 3 cm bzw. 5 cm ein Band nach dem anderen abschneiden. So lange knüpfen, bis die Mine komplett umwickelt ist. Auf die vorletzte Reihe Klebstoff auftragen, die Bänder fest anziehen und abschneiden.

4 Zuletzt kleben Sie die Wackelaugen auf und fädeln für die Zunge einen rosa Schnurrest in die Anfangsschlinge. Dieses dann zweimal mit Draht umwickeln und schon kann der Schreibspaß beginnen!

Unser Tipp für Sie

Variation Der Hals kann, wie bei der orangefarbenen Schlange, auch nur aus einem Weberknoten bestehen. Oder man beginnt, wie bei der grünen Schlange, sofort mit den runden Scoubidou mit 4 Bändern.

Skorpion und Krabbe

gefährliche Scherentiere

MATERIAL

SKORPION

* 2 Scoubidoubänder in Rot, 1 m lang
* Scoubidouband in Schwarz, 50 cm lang
* Scoubidoubänder in Schwarz, 23 cm, 3 cm und 3 x 9 cm lang
* Silberdraht, ø 0,7 mm, 23 cm (Scheren), 10 cm (Schwanz), 3 x 9 cm (Beine) und 3 cm lang (Stachel)
* 2 Wackelaugen, ø 7 mm

KRABBE

* 6 Scoubidoubänder in Gelb, 1 m lang
* Scoubidoubänder in Rot, 30 cm und 4 x 12 cm lang
* Silberdraht, ø 0,7 mm, 30 cm (Scheren) und 4 x 12 cm lang (Beine)
* 2 Wackelaugen, ø 7 mm

Skorpion

1 Rumpf und Schwanz: Zu Beginn stecken Sie den Scherendraht in ein gleich langes schwarzes Band. Daran in der Mitte eine rote, eine schwarze und wieder eine rote Schnur einhängen (siehe Seite 12). Die zwei äußeren Schnüre sind die Leitfäden für elf oder zwölf rechteckige Scoubidou mit 6. Nun knüpfen Sie für den Schwanz ohne die zwei schwarzen Schnüre 6 cm bis 7 cm runde Scoubidou mit 4. Damit der Schwanz beliebig gebogen werden kann, sollte nach den ersten zwei runden Knoten der Schwanzdraht in das Geflecht gesteckt und umknüpft werden. Bevor der letzte Knoten angezogen wird, etwas Klebstoff auftragen. Die Schnurenden abschneiden. Auf den überstehenden Draht ein gleich langes (ca. 3 cm), schwarzes Schnurstück aufstecken und den Draht zu einem Stachel zurückbiegen.

2 Fertigstellen: Formen Sie nun die Scheren. Danach die Beindrähte in schwarze Bänder stecken und jedes Beinpaar an der Unterseite durch eine erweiterte Knotenöse am linken und rechten Rumpfrand stecken bzw. ziehen. Wenn alle Beine durchgezogen sind, werden sie wie auf dem Foto zurechtgebogen (evtl. mit Hilfe einer kleinen Rundzange). Zum Schluss die Wackelaugen aufkleben.

Krabbe

1 Scheren und Rumpf: Den Scherendraht in ein gleich langes Stück rote Schnur stecken. In der Mitte vier gelbe Schnüre einhängen (siehe Seite 12). Die zwei äußeren Schnüre sind die Leitschnüre für vier rechteckige Scoubidou mit 8. Bevor der letzte Scoubidou angezogen wird, parallel zu den Knüpfschnüren zwei gelbe Schnüre einlegen. Arbeiten Sie nun sieben rechteckige Scoubidou mit 12. Bevor der letzte Knoten angezogen wird, etwas Klebstoff auftragen und dann die Schnurenden abschneiden.

2 Beine und Augen: Die Scheren zurechtbiegen. Nun die vier Beindrähte in gleich lange rote Schnurreste stecken. Ziehen Sie anschließend jedes Beinpaar an der Unterseite durch eine erweiterte Knotenöse am linken und rechten Rumpfrand. Wenn alle Beine durchgezogen sind, werden sie wie auf dem Foto zurechtgebogen (evtl. mit Hilfe einer kleinen Rundzange). Zum Schluss die Wackelaugen aufkleben.

Heuschrecke und Spinne

Was krabbelt denn da?

MATERIAL

SPINNE

* 4 Scoubidoubänder in Grün transparent
* 2 Wackelaugen, ø 6 mm
* 8 Perlen in Schwarz, ø 6 mm
* Silberdraht, ø 0,6 mm, 4 x 18 cm lang (Beine)

HEUSCHRECKE

* 2 Scoubidoubänder in Grün transparent
* Scoubidouband in Weiß
* 2 Holzperlen in Hellgrün, ø 6 mm
* 2 Holzperlen in Dunkelgrün, ø 8 mm
* Silberdraht, ø 0,6 mm, 20 cm (Hinterbeine), 2 x 12 cm (Vorderbeine), 2 x 6,5 cm (Fühler) und 2 cm lang (Augen verbinden)

Spinne

1 Für die Beine schneiden Sie von jeder Schnur 18 cm ab und ziehen jeweils ein Drahtstück ein.

2 Von den langen Schnüren zwei Bänder mitteln und die zwei anderen in der Mitte anknoten. Sechs Reihen runde Scoubidou mit 4 knüpfen, dabei die Bänder doppelt nehmen. Vor dem Abschneiden die letzte Reihe (Kopf) mit wenig Klebstoff fixieren.

3 Mit Hilfe einer Vorstechnadel durch den 3. und 4. Knoten je zwei Beinschnüre stecken. Auf jedes Schnurende eine Perle kleben.

4 Zuletzt biegen Sie die Beine zurecht und kleben die Augen auf.

Heuschrecke

1 Für die Beine von einer grünen Schnur 20 cm, von der anderen zwei Stücke à 12 cm abschneiden. Die entsprechenden Silberdrahtstücke einziehen.

2 Eine lange grüne Schnur in der Mitte der anderen anknoten und zwei Reihen eckige Scoubidou mit 4 knüpfen. Die weiße Schnur einlegen und mit zwei grünen Schnüren als Leitschnüre vier Reihen rechteckige Scoubidou mit 6 arbeiten. Vor dem Festziehen der nächsten Reihe die 20 cm lange Schnur einlegen, nach zwei Reihen eine 12 cm lange Schnur und nach weiteren zwei Reihen wieder eine 12 cm lange Schnur einfügen. Nochmals zwei Reihen arbeiten und zwei grüne Schnüre abschneiden.

3 Aus zwei weißen Knüpf- über zwei grünen Leitschnüren sechs Weberknoten fertigen. Für den Kopf das mit den Weberknoten geknüpfte Stück nach oben umbiegen und die zwei weißen Schnüre vor dem ersten Weberknoten an der Heuschreckenunterseite zusammenknoten.

4 Als Fühler die grünen Schnüre nach je 6,5 cm abschneiden, jeweils ein Drahtstück einziehen und je eine hellgrüne Holzperle auf das Schnurende kleben. Das 2 cm lange Drahtstück durch den Kopf stecken und auf jedes Drahtende eine dunkelgrüne Perle als Auge kleben. Zum Schluss Beine und Fühler wie abgebildet zurechtbiegen.

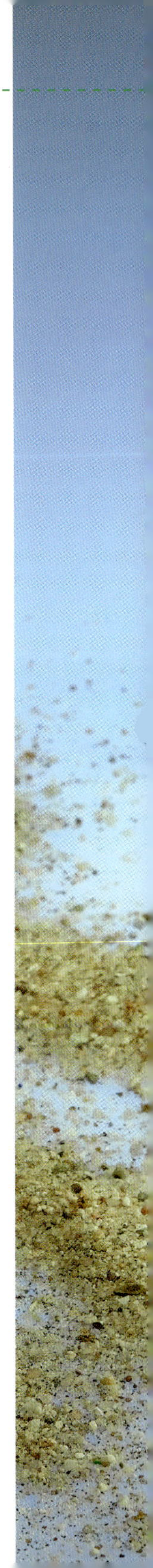

Flauschiges Löwenpärchen

Von wegen bissig!

MATERIAL

LÖWE

* Scoubidouband in Gelb, 1 m lang
* 5 Scoubidoubänder in Gelb, 50 cm lang
* Silberdraht, ø 0,7 mm, 7 cm (1. Ohr, Kopf und Hals), 7 cm (Schwanz), 2 x 10 cm (Beine) und 4 cm lang (2. Ohr)
* 2 Wackelaugen, ø 3 mm
* 4 Holzperlen in Gelb, ø 6 mm
* Holzperle in Schwarz, ø 6 mm (halbiert, als Nase)
* Kurzhaarplüsch in Schwarz

LÖWIN

* Scoubidouband in Gelb, 1 m lang
* 4 Scoubidoubänder in Gelb, 50 cm lang
* Silberdraht, ø 0,7 mm, 7 cm (1. Ohr, Kopf und Hals), 7 cm (Schwanz), 2 x 10 cm (Beine) und 4 cm lang (2. Ohr)
* 2 Wackelaugen, ø 3 mm
* 4 Holzperlen in Gelb, ø 6 mm
* Holzperle in Schwarz, ø 6 mm (halbiert, als Nase)
* Kurzhaarplüsch in Schwarz

Löwe

1 Kopf und Hals: In zwei kurze Schnüre den 7 cm langen Halsdraht bzw. den 4 cm langen Ohrendraht stecken. Diese Schnüre parallel als Leitschnüre legen – die Enden mit den Drahtstücken liegen nebeneinander. Die lange Schnur mit einem Weberknoten anknüpfen. Den Weberknoten so verschieben, dass die Leitschnüre 3 cm überstehen, der Knoten befindet sich auf den Drahtstücken. Weitere acht Weberknoten knüpfen.

2 Rumpf: An die Leitschnur mit dem langen Draht nebeneinander zwei weitere kurze Schnüre mitteln und anknoten. Die zwei Leitschnüre sind auch die Leitschnüre für die nun folgenden zwei rechteckigen Scoubidou mit 8. Bevor die letzte Knotenreihe angezogen wird, in die Mitte quer die letzte Schnur einlegen und nun mit zehn Schnüren zehn bis elf rechteckige Scoubidou mit 10 arbeiten. Bevor der letzte Knoten angezogen wird, etwas Klebstoff auftragen. Es folgen zwei rechteckige Scoubidou mit 8, d. h., die zwei unteren Schnüre hängen lassen. Bevor der letzte Knoten angezogen wird, etwas Klebstoff auftragen, die oberste Schnur (Leitschnur) auf 6 cm kürzen und den 7 cm langen Schwanzdraht einstecken. Der Schwanzdraht sollte 1 cm in den letzten Knoten reichen, damit der Schwanz einen Halt hat und beliebig gebogen werden kann. Die beiden Beindrähte in gleich lange gelbe Schnurreste stecken. Die Beine durch den Rumpf stecken, nach unten biegen und 1 cm bis 1,2 cm unterhalb des Rumpfes abschneiden. Auf die Enden jeweils eine Holzperle kleben.

3 Fertigstellen: Das Weberknotenband für den Kopf in der Mitte nach hinten umknicken. Die Ohren mit der Rundzange biegen und evtl. leicht kürzen. Als Mähne einen Plüschstreifen, 5 cm x 1 cm, über die Schultern kleben. Als Schwanzquaste ein Plüschquadrat, 1,5 cm x 1,5 cm, ankleben. Zum Schluss die halbierte Holzperle als Nase und die Wackelaugen anbringen.

Löwin

1 Kopf und Hals: Wie beim Löwen arbeiten.

2 Rumpf: An die Leitschnur mit dem langen Draht des Weberknotenbandes nebeneinander zwei weitere kurze Schnüre mitteln und anknoten. Die zwei Leitschnüre sind auch die Leitschnüre für die nun folgenden 13 rechteckigen Scoubidou mit 8. Den Schwanz und die Beine wie beim Löwen arbeiten.

3 Fertigstellen: Für den Kopf wird das Weberknotenband im Gegensatz zum Löwen im Nacken schräg nach unten und an der Schnauzenspitze unten zurück gebogen. Die zwei Schnurenden mit Drahteinlage nach oben biegen, zu Ohren formen und kürzen. Abschließend noch die Augen und die Nase ergänzen.

Bunter August

Karneval lässt grüßen

MATERIAL

* je 5 Scoubidoubänder in Gelb, Hellgrün, Blau und Rot, 1 m lang
* Aludraht in Rot, ø 2 mm, 50 cm lang
* Steckdraht, ø 0,4 mm
* Holzkopf, Clown, ø 3,5 cm, alternativ: Holzperle in Natur, ø 3,5 cm, die anschließend mit Lackmalstiften bemalt wird.
* je 3 Bügelperlen mit Glitter in Rot, Grün, Gelb und Blau
* Zahnstocher

1 Zerschneiden Sie den Aludraht in 2 x 20 cm und 1 x 10 cm lange Teile. Vier Scoubidoubänder jeder Farbe zusammennehmen und damit einen lockeren Knoten um die drei Drähte knoten. Die langen Drahtstücke stehen 8 cm und das kurze Drahtstück 3 cm über dem Knoten über.

2 Acht runde Scoubidou mit 4 x 4 Bändern knüpfen. Den mittleren Draht und je zwei Bänder in Blau und Grün abschneiden.

3 Die restlichen Aludrähte auseinander biegen, die Bänder teilen (4 x gelb, 2 x rot und 2 x grün, 2 x blau, 2 x rot) und pro Bein 19 runde Scoubidou mit 3 x 2 Bändern um den Aludraht knüpfen. Den Draht auf 3 cm kürzen, zur Öse biegen und die restlichen Bänder abschneiden.

4 Nun lösen Sie den lockeren Knoten auf der anderen Seite und biegen die Drähte auseinander. Mit 2 x 50 cm langen Scoubidoubändern in Rot und 1 x 50 cm in Gelb, für den Arm, einen Anfang (siehe Skizze) knüpfen und über den Aludraht schieben. 19 runde Scoubidou mit 3 x 2 Bändern knüpfen. Den Draht auf 2 cm kürzen, zur Öse biegen und die restlichen Bänder abschneiden. Den anderen Arm gleich arbeiten, allerdings mit 2 x 50 cm in Blau und 1 x 50 cm in Grün.

5 Am Hals von jeder Farbe je zwei Bänder abschneiden und einen runden Scoubidou mit 4 x 2 Bändern knüpfen. Auf die Enden je zwei bzw. eine farblich passende Bügelperle fädeln. Die Bänder nach ca. 2 cm bzw. 1,5 cm verknoten und knapp abschneiden.

6 Den Draht auf 3 cm kürzen, umbiegen und durch diese Drahtöse ein rotes, 20 cm langes Scoubidouband ziehen und den Kopf über das Band und den Draht schieben. Von jeder Farbe 2 x 7 cm lange Bänder zuschneiden, Steckdraht durchschieben, diese über einem Zahnstocher zu Locken drehen und mit den roten, eingelegten Bändern festbinden. Zum Schluss schieben Sie in die roten Bandenden ebenfalls Draht und locken sie.

Lustige Tropfenmännchen

in geselliger Runde

MOTIVHÖHE
ca. 6 cm

MATERIAL PRO MÄNNCHEN

* 2 Scoubidoubänder in Grün, Gelb oder Blau, 1 m lang
* 4 Scoubidoubänder in Grün, Gelb oder Blau, 65 cm lang
* Scoubidoubänder mit Drahteinlage in Grün, Gelb oder Blau, 8 cm (Arme) und 10 cm lang
* 2 Scoubidoubänder in Grün, Gelb oder Blau, 4 cm lang
* 4 Metallperlen in Grün, ø 6 mm, 1 cm lang bzw. je 2 Holzperlen in Hellbraun oder Schwarz, ø 6 mm und ø 8 mm
* 2 Wackelaugen mit Wimpern, ø 8 mm
* halbierte Holzperle in Rot, ø 8 mm
* Silberdraht, ø 0,6 mm, 4 x 4 cm (Beine) und 10 cm lang

1 Die zwei längsten Schnüre mitteln, das eine mittig an das Andere knoten und zwei Reihen quadratische Scoubidou mit 4 Bändern knüpfen.

2 Anschließend knüpfen Sie drei Reihen rechteckige Scoubidou mit 6. Vor dem Festziehen der dritten Reihe eine weitere Schnur, 65 cm lang, parallel zu den Knüpfschnüren einlegen.

3 Wieder drei Reihen rechteckige Scoubidou mit 8 knüpfen. Vor dem Festziehen der dritten Reihe eine weitere Schnur, 65 cm lang, einlegen und zwei Reihen rechteckige Scoubidou mit 10 knüpfen.

4 Dann die Schnur für die Arme waagerecht, parallel zu den Leitschnüren, einlegen und darunter noch eine Reihe rechteckige Scoubidou mit 10 knüpfen.

5 Legen Sie nun die letzte, 65 cm lange Schnur parallel zu den Knüpfschnüren ein und arbeiten Sie sechs weitere Reihen eckige Scoubidou mit 12.

6 Für die Beine je zwei nebeneinander liegende vordere Schnüre nach 4 cm abschneiden und Draht einstecken. Auf die Schnurenden eine Perle kleben und auch auf die Arme Perlen kleben.

7 In die Anfangsöse die 10 cm lange Schnur mit Drahteinlage ziehen. Mit einem Überhandknoten auf der Rückseite sichern, über ein Holzstäbchen kräuseln und mit Draht die beiden 4 cm langen, gemittelten Schnurstücke festbinden. Schließlich kleben Sie noch Augen und Nase auf – und fertig ist Ihr Tropfenmännchen.

Mein Tipp für Sie

Schnüre Hier sehen Sie ein Männchen aus gedrehtem Baumwollgarn (ø 3 mm). Die Scoubidoufiguren lassen sich nämlich auch aus dickem Garn problemlos fertigen.

Freche Gespenster

schaurig schön

MATERIAL NEONFARBENES GESPENST

* 2 Scoubidoubänder in Neongrün, 80 cm lang
* 2 Scoubidoubänder in Neongelb, 40 cm lang
* 10 Rocailles in Silber, ø 2,6 mm
* Perle in Silber, ø 8 mm
* Nylonfaden
* Silberdraht, ø 0,6 mm

WEISSES GESPENST

* 2 Scoubidoubänder in Weiß, 80 cm lang
* 2 Scoubidoubänder in Weiß, 40 cm lang
* 10 Rocailles in Silber, ø 2,6 mm
* Perle in Silber, ø 8 mm
* Nylonfaden
* Silberdraht, 0,6 mm

Neonfarbenes Gespenst

1 Zu Beginn schlingen Sie die beiden neongrünen Bänder ineinander und knüpfen einen Knoten quadratisches Scoubiou mit 4 Bändern.

2 Den nächsten Knoten nur leicht anziehen, einen Bleistift unter ihn legen, dann den Knoten festziehen. Zwei weitere Knoten knüpfen und den Bleistift entfernen. In die Mitte der Knoten ein 8 cm langes Stück Draht stecken. Nun 8 cm quadratische Scoubidou mit 4 um den Draht herum knüpfen.

3 Dann die nächste Lücke wie unter Punkt 2 beschrieben arbeiten. Die Bänder diagonal verknoten und zusammen mit dem Draht abschneiden.

4 Die neongelben Bänder entsprechend quadratische Scoubidou mit 4 ineinander schlingen und 3,5 cm runde Scoubidou mit 4 knüpfen. Dann die Stränge diagonal verknoten und abschneiden.

5 Das Gespenst gemäß der Abbildung formen und das gelbe Scoubidou durch die Lücken des grünen Scoubidous stecken. Durch das gelbe Scoubidou mithilfe einer Teppichnadel 20 cm Nylonfaden ziehen, darauf die Rocailles und die Silberperle ziehen. Den Nylonfaden durch die Rocailles zurückführen, dabei die Silberperle überspringen. Zum Schluss verknoten Sie die Nylonfäden miteinander, schneiden sie ab und kleben die Wackelaugen auf.

Weißes Gespenst

Das weiße Gespenst wird genauso wie das neonfarbene, allerdings mit runden Scoubidou aus vier weißen Bändern geknüpft.

Verrückte Korkenmonster

gut verschlossen

MATERIAL PRO MONSTER

* Korken
* Steckdraht, ø 1 mm, 8 cm lang
* wasserfester Filzstift in Schwarz und Weiß
* Silberdraht, ø 0,6 mm

ZUSÄTZLICH FÜR MONSTER IN HELLBLAU-SILBER

* Scoubidouband in Hellblau, 1 m und 20 cm lang
* Scoubidouband mit Drahteinlage in Hellblau, 20 cm lang (Arme)
* Scoubidouband in Silber, 50 cm lang
* 2 Holzperlen in Gelb, ø 8 mm
* 3 Holzperlen in Blau, ø 8 mm (eine als Nase halbieren)
* Marabufeder in Weiß

ZUSÄTZLICH FÜR MONSTER IN ROT-BLAU

* Scoubidouband in Rot, 1 m lang
* Scoubidouband mit Drahteinlage in Rot, 2 x 10 cm lang (Arme und Beine)
* Scoubidouband in Blau, 50 cm lang
* je 2 Holzperlen in Rot, ø 1 cm und ø 6 mm
* 4 Holzperlen in Blau, ø 6 mm

ZUSÄTZLICH FÜR MONSTER IN GRÜN

* Scoubidouband in Hellgrün, 1 m lang
* Scoubidouband in Dunkelgrün, 50 cm lang
* Scoubidouband mit Drahteinlage in Dunkelgrün, 8 cm lang (Arme)
* Holzperlen in Dunkelgrün, 1 x ø 8 mm und 7 x ø 6 mm (1 als Nase halbieren)
* 2 Holzperlen in Weiß, ø 6 mm
* 3 Holzperlen in Hellgrün, ø 6 mm

1 Das Monster wird von unten nach oben gearbeitet. Den Steckdraht in den Korken stecken und ein langes Band mittig am Draht festbinden, das 50 cm lange Band mit einknoten, so dass ein Ende ein Stück übersteht (siehe Zeichnungen a und b). Den Steckdraht mit runden Scoubidou mit 3 umknüpfen, dazwischen nach Belieben Arme und Beine einlegen.

2 Vor dem Festziehen der letzten Reihe Klebstoff auftragen und den Draht abzwicken. In die Schnurenden oben für die Augen und evtl. die Frisur Draht einstecken. Die Perlen auffädeln und mit Klebstoff befestigen. Frisur, Schwanz, Arme und Beine zurechtbiegen. Als Nase evtl. eine halbe Holzperle aufkleben. Die Pupillen mit schwarzem Filzstift aufmalen. Evtl. einen weißen Lichtpunkt setzen.

3 Beim blau-silbernen Korkenmonster für den Schwanz mittig noch ein 20 cm langes hellblaues Band an das silberne Band anknoten (siehe Zeichnung c) und flechten.

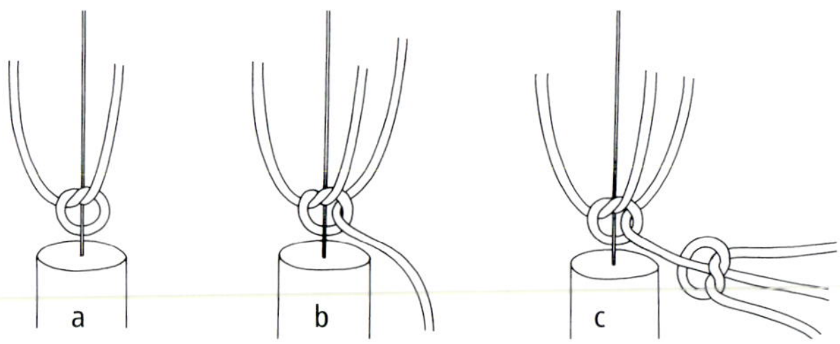

Mein Tipp für Sie

Kleben Immer auf die vorletzte Reihe Klebstoff auftragen, wenn die Bänder für die letzte Reihe schon gelegt worden sind. So werden die Schnüre nicht mit Klebstoff verschmiert.

Putzige Würmchen

Einfach und so süß

MOTIVHÖHE
ca. 27 cm

MATERIAL
PRO WÜRMCHEN

* je 1 Scoubidouband in Gelb sowie Grün, Hellblau oder Orange, 1 m lang
* Silberdraht, ø 0,6 mm, 12 cm lang
* je 1 Holzperle in Gelb oder Grün, ø 8 mm
* 2 Wackelaugen mit Wimpern, ø 5 mm, oder 2 ovale Wackelaugen mit Wimpern, ø 1 cm oder 1,2 cm

1 Mitteln Sie die zwei Bänder und knoten Sie das eine mittig an das andere. Nun 20 Reihen runde Scoubidou mit 4 knüpfen, dabei den Draht in der Mitte mitführen.

2 Den Knüpfstrang zu einem Kreis formen und ein Band durch die Anfangsöse ziehen. Weiterknüpfen, bis die Schnüre zu Ende gehen. Den Draht abzwicken und vor der letzten Reihe Klebstoff auftragen. Nach dem Trocknen die Schnurenden abschneiden.

3 Zum Schluss kleben Sie die Holzperle in die Kreismitte und befestigen die Wackelaugen darauf.

Mein Tipp für Sie

Variation Die Würmchen können auch auf eine Magnetscheibe ø 1,4 cm geklebt und als Magnetpin verwendet werden.

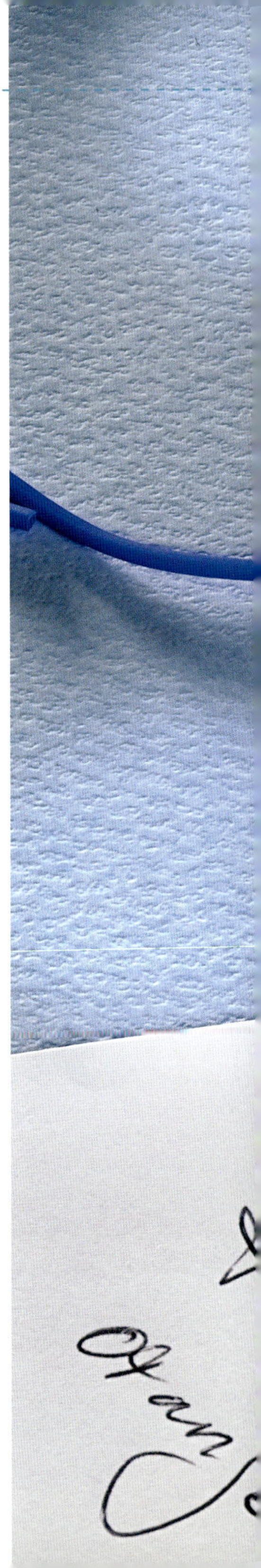

Aufmerksame Lesezeichen

Stille Begleiter in die Abenteuerwelt

MATERIAL PRO LESEZEICHEN

* je 1 Schnur in Rot und Weiß, 1 m lang
* je 1 Scoubidouband in Weiß sowie Rot oder Blau, 50 cm lang
* Scoubidouband mit Drahteinlage in Weiß, 14 cm lang (Frisur)
* Scoubidouband in Rot oder Blau, 8 cm lang (Schleife)
* 2 längliche Wackelaugen, 5 mm x 7 mm (evtl. mit Wimpern)
* je 1 Großlochholzperle in Weiß und Rot, ø 1 cm
* Silberdraht, ø 0,4 mm, 10 cm lang (Schleife)

1 Vier Scoubidoubänder (2 x 1m und 2 x 50 cm lang) mitteln und sternförmig ineinander schlingen (siehe Seite 12). Knüpfen Sie nun sechs Reihen quadratische Scoubidou mit 8.

2 Mit einer langen roten oder blauen Schnur über den restlichen sieben Bändern straff abbinden. Die Abbindeschnur mit Klebstoff sichern.

3 Auf je eine weiße und rote Schnur nach ca. 22 cm je eine weiße und rote Perle kleben. Oder ein rotes Band und zwei weiße Bänder flechten und nach ca. 22 cm die Perlen aufkleben. Die restlichen Schnüre direkt unterhalb der Abbindestelle abschneiden.

4 Die weiße, 14 cm lange Schnur mit Drahteinlage durch die Anfangsöse ziehen und mit einem Holzstäbchen kräuseln. Mit der kurzen roten oder blauen Schnur eine Schleife binden, mit Draht fixieren und an der weißen, gekräuselten Schnur anknoten. Zuletzt geben Sie Ihrem Lesezeichen noch ein Gesicht, indem Sie die passenden die Wackelaugen aufkleben.

Mein Tipp für Sie

Streifen Der quadratische Scoubidou mit 8 sieht in allen denkbaren Farbkombinationen, ob zweifarbig oder mehrfarbig, imposant aus und ist immer gestreift. Je nachdem wie du die Bänder legst, kannst du die Streifenbreite beeinflussen.

Männer des Schnees

und Freunde des Frosts

MATERIAL

KULI-SCHNEEMANN

* 4 Scoubidoubänder in Weiß
* 2 Scoubidoubänder in Weiß, 30 cm lang
* Scoubidouband in Rot, 20 cm lang
* Silberdraht, ø 6 mm, 20 cm lang
* Holzperle, ø 2 cm, weiß bemalt
* 3 Holzperlen in Rot, ø 6 mm, (1 als Nase, mit dem Cutter halbieren)
* 4 Holzperlen in Schwarz, ø 6 mm
* Velours-Zylinder in Schwarz, ø 4 cm
* Kugelschreibermine, 10,5 cm lang

SCHNEEMANN MIT RUNDEM BAUCH

* 3 Scoubidoubänder in Weiß, 1 m lang
* Scoubidouband in Rot, 20 cm lang
* Draht, ø 6 mm, 20 cm und 6 x 5 cm lang
* Holzperle, ø 2,5 cm, weiß bemalt
* Holzperle in Rot, ø 8 mm (als Nase, mit dem Cutter halbieren)
* 5 Holzperlen in Schwarz, ø 8 mm
* Faden in Schwarz

Kuli-Schneemann

1 Der Schneemann wird von oben nach unten gearbeitet. Die vier Schnüre parallel legen und nach ca. 2 cm mit einem Überhandknoten zusammenfassen.

2 Knüpfen Sie zwei runde Scoubidou mit 4 Bändern. Nach der zweiten Reihe die Kulimine mit dem oberen Ende voran einstecken. Nach ca. 1,5 cm eine Schnur durch eine schwarze Holzperle ziehen und direkt unter die erste Perle nach zwei weiteren Knoten eine weitere Perle fädeln. So fortfahren, bis alle schwarzen Perlen aufgefädelt sind.

3 Bis ca. 1 cm über der Kulispitze knüpfen und vor dem Festziehen der letzten Reihe Klebstoff auftragen. Die Enden abschneiden.

4 Den Überhandknoten am anderen Ende wieder lösen und alle vier Schnüre durch die bemalte und mit der halbierten Holzperle beklebte Holzkugel ziehen. Die Bänder festziehen, nach 1 cm abschneiden und den Zylinder aufkleben.

5 Für die Arme je ein 30 cm langes Band mittig durch eine Knotenöse ziehen. 3 cm Kettknoten knüpfen. Auf Höhe der vorletzten Perle festknoten und mit Klebstoff fixieren.

6 Stecken Sie schließlich in den roten Faden Draht, wickeln ihn als Schal mehrmals um den Hals und verzieren Sie die Enden mit Perlen.

Schneemann mit rundem Bauch

1 Verbinden Sie die drei weißen Schnüre nach ca. 8 cm mit einem lockeren Überhandknoten.

2 Knüpfen Sie nun 13 cm runde Scoubidou mit 3 und legen Sie das Geflecht zu einem Fragezeichen. Mit einer Vorstechnadel eine Öse lockern, alle drei Schnüre durch die Öse ziehen und weitere 3,5 cm knüpfen.

3 Den Überhandknoten vom Anfang wieder lösen, die kürzesten Schnüre in die Mitte legen und mit den vier längsten rundum zwei Reihen runde Scoubidou mit 4 knüpfen. Alle Schnüre fest anziehen und durch die bemalte und beklebte Holzkugel ziehen.

4 Die Bandenden auf eine Länge von 4 cm kürzen, die Drähte einziehen und über einer Stricknadel kräuseln.

5 Stecken Sie Draht in das rote Band und binden Sie es als Schal. Zum Schluss mit einer Nadel im oberen Kreis zwei und im unteren Kreis drei Holzperlen auf schwarzem Faden einziehen und beidseitig festknoten.

19. Jan
68 cm

Mit Grüßen vom Südpol

Neugierige Pinguine

MATERIAL PRO PINGUIN

* 4 Scoubidoubänder in Schwarz
* Scoubidouband in Weiß, halbiert = 2 Bänder
* Scoubidouband in Orange, halbiert = 2 Bänder
* Holzperle, ø 2 cm, schwarz bemalt
* Moosgummi in Orange
* 2 Wackelaugen, ø 6 mm
* Draht, ø 0,4 mm, 4 x 6 cm lang

VORLAGE
Seite 62

1 Der Körper wird von oben nach unten gearbeitet. Zwei schwarze Schnüre mitteln und nach ca. 3 cm mit einem Überhandknoten verbinden. Zwei Reihen eckige Scoubidou mit 4 knüpfen. Vor dem Festziehen des zweiten Knotens waagerecht eine weitere schwarze Schnur einlegen.

2 Knüpfen Sie mit der eingelegten schwarzen Schnur als Leitschnur eine Reihe rechteckige Scoubidou mit 6 und legen Sie vor dem Festziehen eine weitere schwarze Schnur senkrecht in die Mitte ein. Eine Reihe rechteckige Scoubidou mit 8 knüpfen. Vor dem Festziehen des Knotens senkrecht in der Mitte eine weiße Schnur einlegen, eine Reihe rechteckige Scoubidou mit 10 knüpfen und dabei in der Mitte auch die zweite weiße Schnur senkrecht einlegen. Neun bis zehn Reihen rechteckige Scoubidou mit 12 arbeiten.

3 Vor dem Festziehen der letzten Reihe Klebstoff auftragen und jeweils durch die Randöse eine orangefarbene Schnur ziehen und mitteln. Ziehen Sie alle Schnüre gut fest.

4 Nachdem der Klebstoff getrocknet ist, für die Füße aus den orangefarbenen Schnüren jeweils zehn Kettknoten arbeiten, das Knotenband umbiegen und durch die gleiche Knotenöse auf der Rückseite ziehen, mit einem festen Weberknoten anknüpfen und nochmals mit Klebstoff sichern. Alle unteren Schnurenden abschneiden.

5 Den Überhandknoten oben lösen, die Bänder durch die schwarz bemalte Holzkugel ziehen, die Schlaufen aufschneiden, in die Schnurenden Draht einziehen und mit einer Stricknadel zu Locken drehen. Zuletzt kleben Sie noch den Moosgummi-Schnabel und die Wackelaugen auf.

Schneeflöckchen

Weißröckchen...

MATERIAL
SCHNEEFLOCKE MIT ARMEN

* 3 Scoubidoubänder in Weiß
* Scoubidouband mit Drahteinlage in Weiß, 8 cm lang (bleibt übrig)
* Holzperle, ø 2 cm, hautfarben bemalt
* 2 Holzperlen in Weiß, ø 8 mm
* Folie in Weiß (z. B. aus Schnellhefter)
* Draht, ø 0,65 mm, 10 cm, und ø 0,4 mm, 5 x 6 cm lang

SCHNEEFLOCKE IN SILBER-WEISS

* je 1 Scoubidouband in Transparent und Silber, 60 cm lang
* 2 Scoubidoubänder in Weiß, 60 cm lang
* Holzperle, ø 2 cm, hautfarben bemalt
* Folie in Weiß (z. B. aus Schnellhefter)
* Draht, ø 0,65 mm, 10 cm, und ø 0,4 mm, 5 x 6 cm lang
* 2 Wackelaugen, ø 3 mm
* Nylonfaden
* Kristallperle, ø 1,2 cm

VORLAGE
Seite 62

Schneeflocke mit Armen

1 Schneiden Sie mithilfe der Vorlage aus der Folie den großen Schneekristall aus.

2 Die drei Schnüre parallel legen und nach 10 cm mit einem Überhandknoten zusammenfassen. 9,5 cm runde Scoubidou mit 3 knüpfen, dabei nach dem ersten Knoten den längeren Draht einstecken und rund um den Draht weiterknüpfen.

3 Lösen Sie nun den Überhandknoten. Danach das Drahtende abzwicken, die sechs Schnüre durch das Loch im Schneekristall ziehen und alle Schnüre durch die bemalte Holzperle ziehen. Aus einem Band eine Öse legen und das Bandende wieder in die Kugel kleben (mit einer Vorstechnadel o. Ä. einschieben).

4 In die restlichen Schnurenden die Drahtstücke stecken und über eine Stricknadel kräuseln. Die Locken am Kopf festkleben.

5 Den 8 cm langen Bandrest mit Hilfe einer Häkelnadel oder Vorstechnadel als Arme durch die Knotenösen ziehen. Zum Schluss bekleben Sie die Schnurenden noch mit je einer Kugel.

Schneeflocke in Silber-Weiß

1 Die Schneeflocke wie die Schneeflocke mit Armen arbeiten, jedoch mit vier Bändern runde Scoubidou mit 4 knüpfen und als Halskrause den kleinen Kristall auffädeln. Die Augen aufkleben.

2 Sechs Bänder durch die gestaltete Holzperle ziehen, zwei in der Mitte abschneiden, wie beim anderen Engel eine Schlaufe formen und 5 Bänder zu Locken kräuseln und ankleben. Am Nylonfaden die Kristallperle einhängen.

Rote Wichtel

Mit Kuli oder kugelrund

MATERIAL

RUNDER WICHTEL

* je 2 Scoubidoubänder in Rot und Rot transparent
* 2 Scoubidoubänder in Rot, 9 cm lang
* Filz in Rot
* Metallglocke in Rot, ø 1,5 cm
* Baumwollfaden in Rot
* Holzperle, ø 2 cm, hautfarben bemalt
* 2 Marionettenfüße, 1,8 cm lang, schwarz bemalt
* 2 Holzperlen in Rot, ø 8 mm
* halbierte Holzperle in Rot, ø 6 mm (Nase)
* 2 Wackelaugen, ø 3 mm
* Draht, ø 0,65 mm, 2 x 9 cm und 10 cm lang

KULI-WICHTEL

* 2 Scoubidoubänder in Rot
* 3 Scoubidoubänder in Rot transparent
* 2 Scoubidoubänder in Rot transparent, 8 cm lang (Arme, Mütze abbinden)
* Holzperle, ø 2 cm, hautfarben bemalt
* halbierte Holzperle in Rot, ø 6 mm (Nase)
* 2 Wackelaugen, ø 4 mm
* 2 Holzperlen in Rot, ø 8 mm
* 4 Holzperlen in Schwarz, ø 4 mm
* Kugelschreibermine, 10,5 cm lang
* Strickschlauch in Rot, 2,5 cm breit, 6 cm lang
* Silberdraht, ø 0,7 mm, 2 x 8 cm und 4 cm lang

VORLAGE

Seite 62

Runder Wichtel

1 Alle vier Schnüre mit einem Überhandknoten zusammenknoten und 10 cm runde Scoubidou mit 4 knüpfen, dabei nach dem ersten Knoten den 10 cm langen Draht einlegen und in der Mitte einknüpfen. Die Drahtenden abzwicken.

2 Lösen Sie nun den Überhandknoten vom Anfang. Das Knotenband zu einem Kreis legen, die vier transparenten Schnüre in die Mitte nehmen und darüber mit den vier restlichen Schnüren zwei Reihen runde Scoubidou mit 4 knüpfen.

3 Die transparenten Schnüre einzeln fest anziehen und abschneiden. Die restlichen vier Schnüre durch die bemalte und beklebte Holzkugel ziehen und fest anspannen.

4 Die Mütze aus Filz ausschneiden, zusammenkleben und am Kopf fixieren. Die Glocke am Baumwollfaden in die Mitte hängen.

5 Die kurzen Bänder mit Draht bestücken und als Arme und Beine auf der Rückseite durch je eine Öse ziehen. Zum Abschluss kleben Sie nun noch die Perlen und die Füße auf.

Kuli-Wichtel

1 Alle Schnüre parallel legen und durch die Holzkugel ziehen. Sitzen die Schnüre nicht straff, kleben Sie sie noch zusätzlich fest.

2 Runde Scoubidou mit 5 knüpfen, dabei die Kugelschreibermine in der Mitte mitführen. Ist das Loch in der Holzkugel groß genug, kann die Mine einige Milimeter in die Kugelöffnung gesteckt werden. Nach fünf Reihen das mit Draht bestückte Band für die Arme waagerecht einlegen. Vor dem Festziehen der letzten Reihe an der Minenspitze Klebstoff auftragen.

3 Die schwarzen Holzperlen aufkleben. Das Gesicht mit Augen und Nase bekleben und den Mund aufmalen. Die roten Holzperlen auf die Arme kleben. Rollen Sie die Mütze am Rand ein, kleben Sie sie auf den Kopf und binden Sie sie oben mit einer Schnur mit Drahteinlage zusammen.

24. Weihnachten!

Elch und Rudolf

warten aufs Christkind

MATERIAL

ELCH

* Scoubidoubänder in Braun
* 2 Wackelaugen, ø 3 mm
* 4 Holzperlen in Braun, ø 6 mm
* Draht, ø 0,6 mm, 2 x 6 cm (Geweih), 15 cm (Wirbelsäule) und 2 x 7 cm lang (Beine)

RENTIER

* 3 Scoubidoubänder in Grau
* Scoubidouband in Rot, 10 cm lang
* 2 Wackelaugen, ø 3 mm
* 4 Holzperlen in Schwarz, ø 6 mm
* halbierte Holzperle in Rot, ø 6 mm (Nase)
* Metallglöckchen in Rot, ø 1 cm
* Draht, ø 0,6 mm, 2 x 6 cm (Geweih), 15 cm (Wirbelsäule) und 2 x 7 cm lang (Beine)

1 Elch und Rentier werden bis auf das Geweih gleich gefertigt.
Ein Band mitteln und nach ca. 7 cm ein weiteres Band mit einem Weberknoten anknoten. Zehn weitere Weberknoten arbeiten, dabei den Wirbelsäulendraht parallel zu den Leitschnüren mitführen.

2 Als Hals knüpfen Sie zwei eckige Scoubidou mit 4; dabei vor dem Anziehen des zweiten Knotens das dritte Band senkrecht in die Knotenmitte einlegen.

3 Die Schnüre fest anziehen und die Enden der neu eingelegten Schnur als Leitschnüre für 15 Reihen rechteckige Scoubidou mit 6 verwenden. Den Wirbelsäulendraht immer in der Mitte mitführen.

4 Die beiden Bänder in der Mitte hängen lassen und aus den restlichen vier Schnüren zwei Reihen eckige Scoubidou mit 4 arbeiten.

5 Tragen Sie vor dem Festziehen des letzten Knotens wenig Klebstoff auf. Nach dem Trocknen die Enden abschneiden. Die Schlaufe vom Anfang aufschneiden und jeweils in die Enden ein Stück Draht für das Geweih einstecken.

6 Für den Kopf das Weberknotenband nach dem 4. Knoten nach unten umknicken und die Enden der Geweihschnüre mit den eingeschobenen Drähten nach dem 8. Weberknoten von unten nach oben durch den Knoten stecken (mit Vorstechnadel oder Ähnlichem weiten). Das Elchgeweih mit einer kleinen Rundzange formen. Für das Rentier im Abstand von 1 cm jeweils drei kurze Schnüre anknoten und die Enden kürzen. Evtl. die halbe Holzkugel und die Wackelaugen aufkleben. Das Glöckchen an einem roten Schnurrest umbinden.

7 Für die Beine in zwei je 7 cm lange Bänder Drahtstücke gleicher Länge stecken. Die Beine jeweils durch eine zuvor geweitete Knotenöse am Bauch ziehen und umknicken. Schließlich kleben Sie auf die Enden jeweils eine Holzperle und schon können Elch und Rentier loslaufen.

Mit Grüßen vom Südpol

SEITE 54

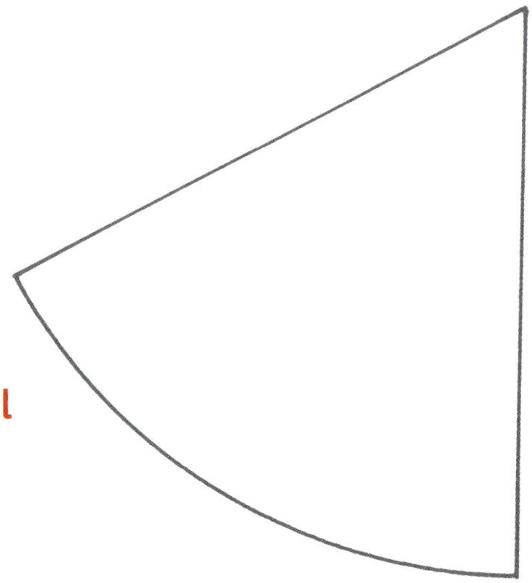

Rote Wichtel

SEITE 58

Schneeflöckchen

SEITE 56

Buchtipps für Sie

TOPP 6737

ISBN 978-3-7724-6737-0

TOPP 5757

ISBN 978-3-7724-5757-9

TOPP 5131

ISBN 978-3-7724-5131-7

TOPP 3762

ISBN 978-3-7724-3762-5

TOPP 5826

ISBN 978-3-7724-5826-2

TOPP 3565

ISBN 978-3-7724-3565-2

TOPP 3936

ISBN 978-3-7724-3936-0

TOPP 5733

ISBN 978-3-7724-5733-3

Bastelideen für Kinder

Basteln, das heißt spielen, staunen, begreifen und die eigene Kreativität entdecken. Ob hübsche Dekoration, tolle Bastelidee oder spielerische Förderung: In diesen Büchern werden Sie garantiert fündig.

TOPP – Unsere Servicegarantie

WIR SIND FÜR SIE DA! Bei Fragen zu unserem umfangreichen Programm oder Anregungen freuen wir uns über Ihren Anruf oder Ihre Post. Loben Sie uns, aber scheuen Sie sich auch nicht, Ihre Kritik mitzuteilen – sie hilft uns, ständig besser zu werden.

Bei Fragen zu einzelnen Materialien oder Techniken wenden Sie sich bitte an unseren Kreativservice, Frau Erika Noll.

mail@kreativ-service.info
Telefon 0 50 52 / 91 18 58

Das Produktmanagement erreichen Sie unter:

pm@frechverlag.de
oder:
frechverlag
Produktmanagement
Turbinenstraße 7
70499 Stuttgart
Telefon 07 11 / 8 30 86 68

LERNEN SIE UNS BESSER KENNEN! Fragen Sie Ihren Hobbyfach- oder Buchhändler nach unserem kostenlosen Kreativmagazin **Meine kreative Welt.** Darin entdecken Sie die neuesten Kreativtrends und interessantesten Buchneuheiten.

Oder besuchen Sie uns im Internet! Unter **www.topp-kreativ.de** können Sie sich über unser umfangreiches Buchprogramm informieren, unsere Autoren kennenlernen sowie aktuelle Highlights und neue Kreativtechniken entdecken, kurz – die ganze Welt der Kreativität.

Kreativ immer up to date sind Sie mit unserem monatlichen **Newsletter** mit den aktuellsten News aus dem frechverlag, Gratis-Bastelanleitungen und attraktiven Gewinnspielen.

IMPRESSUM

MODELLE: Stephanie Göhr / Sieglinde Holl (Seite 24/25, 40/41), Sabine Koch (Seite 12/13, 14/15, 16/17, 18/19, 20/21, 22/23, 28/29, 44/45), Armin Täubner (Seite 8/9, 10/11, 32/33, 36-38), Inge Walz (Seite 4/5, 6/7, 26/27, 30/31, 34/35, 38/39, 42/43, 46/47, 48/49, 50/51, 52/53, 54/55, 56/57, 58/59, 60/61)

FOTOS: frechverlag GmbH, 70499 Stuttgart; Fotostudio Ullrich & Co., Renningen

PRODUKTMANAGEMENT UND LEKTORAT: Alice Hörnecke

GESTALTUNG: Atelier Schwab, Handewitt

DRUCK: Korotan, Slowenien

Auflage: 5. 4. 3. 2. 1.
Jahr: 2016 2015 2014 2013 2012 [Letzte Zahlen maßgebend]

ISBN 978-3-7724-3983-4 • Best.-Nr. 3983 PRINTED IN GERMANY